READING POWER
En Español

El transporte ayer y hoy

Aviones del pasado

Mark Beyer

The Rosen Publishing Group's
Editorial Buenas Letras™
New York

Published in 2003 by The Rosen Publishing Group, Inc.
29 East 21st Street, New York, NY 10010

First Edition in Spanish 2003
First Edition in English 2002

Book Design: Christopher Logan

Photo Credits: Cover © Museum of Flight/Corbis; pp. 4–5, 9, 16–17
© Bettmann/Corbis; p. 7 © Museum of Flight/Corbis; p. 8 © Superstock;
p. 11 © Hulton–Deutsch/Corbis; pp. 12–13 © Lake Country
Museum/Corbis; pp. 14–15 © AP Wide World Photo; pp. 18–19, 20–21
© George Hall/Corbis

Beyer, Mark.
    Aviones del pasado / por Mark Beyer; traducción al español: Spanish
Educational Publishing
    p. cm. — (El transporte ayer y hoy)
    Includes bibliographical references and index.
    ISBN 0-8239-6905-3 (library binding)
    1. Airplanes—History—Juvenile literature. [1. Airplanes—History. 2.
    Spanish Language Materials.]
    I. Title.

    TL670.3 .B48 2001
    629.133'34'09—dc21
                                            2001000280

Manufactured in the United States of America

Contenido

Los primeros aviones 4

Cómo se hacen
los aviones 10

Aviones más veloces 14

Glosario 22

Recursos 23

Índice/Número de
palabras 24

Nota 24

Los primeros aviones

Los hermanos Wright construyeron
el primer avión en 1903.

Este avión voló 120 pies (36.5m).
Estuvo 12 segundos en el aire.
No tenía ruedas para aterrizar.

Los hermanos Wright

Poco después se construyeron
aviones con motores más grandes.
Estos aviones podían volar
más rápido y más lejos.
Les pusieron ruedas para
que aterrizaran sin peligro.

Motor

Rueda

En 1927, Charles Lindbergh fue
el primer piloto que cruzó
el océano Atlántico solo sin parar.

El avión de Lindbergh se llamaba
El espíritu de St. Louis.

Cómo se hacen los aviones

En los años 1930 se volvió
muy común viajar en avión.
Los aviones se hacían en fábricas.

En una fábrica se podían construir
muchos aviones a la vez.

En los años 1940 se hicieron
aviones más grandes
para transportar a más personas.

En este avión podían viajar
más de 40 personas. Volaba
a una velocidad de 207 millas
(333km) por hora.

Aviones más veloces

El primer avión a chorro voló en 1939. Los aviones a chorro vuelan más rápido que los otros aviones. También pueden girar más rápido en el aire. Este avión a chorro es de 1944.

Motor de chorro

En 1947, Chuck Yeager fue
el primer piloto que viajó
más rápido que el sonido.
El sonido viaja a 760 millas
(1,223km) por hora.

Chuck Yeager

En los años 1950 se construyeron aviones para pasajeros con motores de chorro. Podían volar a más de 500 millas (804km) por hora.

¡Los más veloces!

Tipo de avión: 747
Velocidad: 640 mph
           (1,029km/h)

Tipo de avión: 777
Velocidad: 615 mph
           (989km/h)

Tipo de avión: 707
Velocidad: 600 mph
           (965km/h)

En los años 1970 se construyó el primer avión supersónico para pasajeros.

Los aviones supersónicos pueden volar a más de 1,000 millas (1,609km) por hora.
Estos aviones han cambiado la manera de viajar.

Glosario

fábrica (la) edificio donde se construyen cosas

motor de chorro (el) motor de avión que hace salir un chorro de gases muy rápido por la parte de atrás del motor que empuja el avión hacia adelante

supersónico (a) que viaja más rápido que el sonido

transportar llevar de un lado a otro

Recursos

Libros

100 Historic Airplanes in Full Color
John H. Batchelor
Dover Publications (2000)

Research Planes
David Baker
Rourke Enterprises (1987)

Sitios web

Debido a las constantes modificaciones en los sitios de Internet, PowerKids Press ha desarrollado una guía on-line de sitios relacionados al tema de este libro. Nuestro sitio web se actualiza constantemente. Por favor utiliza la siguiente dirección para consultar la lista:

http://www.buenasletraslinks.com/tah/avionsp/

Índice

A
avión a chorro, 14
avión supersónico,
    20–21

F
fábrica, 10

L
Lindbergh, Charles, 8

M
motor, 6–7, 15, 18

R
ruedas, 5–7

W
Wright, hermanos, 4–5

Y
Yeager, Chuck, 16–17

Número de palabras: 260

Nota para bibliotecarios, maestros y padres de familia

Si leer es un reto, ¡Reading Power en español es la solución! Reading Power es ideal para lectores hispanoparlantes que buscan un nivel de lectura accesible en su propio idioma. Ilustrados con fotografías, estos libros presentan la información de manera atractiva y utilizan un vocabulario sencillo que tiene en cuenta las diferencias lingüísticas entre los lectores hispanos. Relacionando claramente texto con imágenes, los libros de Reading Power dan al lector todo el control. Ahora los lectores cuentan con el poder para obtener la información y la experiencia que necesitan en un ameno formato completamente ¡en español!

Note to Librarians, Teachers, and Parents

If reading is a challenge, Reading Power is a solution! Reading Power is perfect for readers who want high-interest subject matter at an accessible reading level. These fact-filled, photo-illustrated books are designed for readers who want straightforward vocabulary, engaging topics, and a manageable reading experience. With clear picture/text correspondence, leveled Reading Power books put the reader in charge. Now readers have the power to get the information they want and the skills they need in a user-friendly format.